# CATALOGUE RAISONNÉ

DES

OUVRAGES POUVANT SERVIR A FONDER

UNE

# BIBLIOTHÈQUE SPIRITE

# CATALOGUE RAISONNÉ

DES

OUVRAGES POUVANT SERVIR A FONDER

UNE

# BIBLIOTHÈQUE SPIRITE

PARIS

LIBRAIRIE SPIRITE ET DES SCIENCES PSYCHOLOGIQUES

RUE DE LILLE, 7

—

1869

# CATALOGUE RAISONNÉ

DES

OUVRAGES POUVANT SERVIR A FONDER

UNE

# BIBLIOTHÈQUE SPIRITE

---

## I. — Ouvrages fondamentaux de la doctrine spirite,

PAR ALLAN KARDEC.

**Le Livre des Esprits** (partie philosophique), contenant les principes de la doctrine spirite. — 1 vol. in-12. 16e édit.; 3 fr. 50 c.

*Edition allemande :* Vienne (Autriche). — Deux parties qui se vendent séparément : 3 fr. chacune, franco, 3 fr. 50 c.

*Edition espagnole :* Madrid, Barcelone, Paris. — Prix ; 3 fr. 50 c.; franco, 4 fr.

**Le Livre des Médiums** (Partie expérimentale). Guide des médiums et des évocateurs, contenant la théorie de tous les genres de manifestations. — 1 vol. in-12. 11e édit. : 3 fr. 50 c.

*Edition espagnole :* Madrid, Barcelone, Paris. — Prix ; 3 fr. 50 c.; franco, 4 fr.

**L'Evangile selon le Spiritisme** (Partie morale), contenant l'explication des maximes morales du Christ, leur application et leur concordance avec le Spiritisme. — 1 vol. in-12. 4e édition; 3 fr. 50 c.

*Edition espagnole.* (Sous presse.)

**Le Ciel et l'Enfer,** *ou la Justice divine selon le Spiritisme,* contenant de nombreux exemples sur la situation des Esprits dans le monde spirituel et sur la terre. — 1 vol. in-12; 4e édition; 3 fr. 50 c.

*Edition espagnole.* (Sous presse.)

**La Genèse, les Miracles et les Prédictions,** *selon le Spiritisme.* — 1 vol. in-12. 4e édition; 3 fr. 50 c.

*Edition espagnole.* (Sous presse.)

*Reliure:* 1 fr. par volume.

**Qu'est-ce que le Spiritisme?** Introduction à la connaissance du monde des Esprits. — 1 vol. in-12. 8e édition; 1 fr.

*Edition en langue polonaise.*

**Le Spiritisme à sa plus simple expression.** — Broch. in-18 de 36 pages; 15 c.; vingt exemplaires, 2 fr.; par la poste, 2 fr. 60.

*Editions en langues : allemande, anglaise, espagnole, portugaise, polonaise, italienne, russe, grecque moderne, croate,* 30 c.

**Résumé de la loi des phénomènes spirites.** — Broch. in-18; 10 cent.; vingt exemplaires, 1 fr. 75 c.; par la poste, 2 fr. 10 c.

**Caractères de la révélation spirite.** — Broch. in-18; 15 c.; vingt exemplaires, 2 fr.; par la poste, 2 fr. 70 c.

**Voyage spirite en 1862.**— Broch. in-8; 1 fr.

---

# REVUE SPIRITE

## JOURNAL D'ÉTUDES PSYCHOLOGIQUES

**Fondé par M. ALLAN KARDEC,**

Paraissant du 1er au 5 de chaque mois, depuis le 1er janvier 1858, par deux feuilles au moins grand in-8. — Prix : pour la France et l'Algérie, 10 fr. par an; Etranger, 12 fr.; pays d'outre-mer, 14 fr. — On ne s'abonne pas pour moins d'un an, à partir du 1er janvier de chaque année.

On peut se procurer tous les numéros séparément depuis le commencement. — Prix de chaque numéro, 1 fr.

**Collection de la Revue spirite depuis 1858.** Chaque année forme un fort volume grand in-8 broché, avec titre spécial, table générale et couverture imprimée. — Prix de chaque année séparément, 7 fr.; la collection complète prise ensemble, 6 fr. le volume. L'année qui précède l'année courante, prise séparément, même prix que l'abonnement, 10 fr.

*Reliure ;* 1 fr. 50 c. par volume.

*Opérations et Conditions :*

Le bureau d'abonnement et d'expédition de la *Revue spirite*, fondée par M. Allan Kardec, est au siége de la *Librairie spirite*, rue de Lille, 7.

Outre les ouvrages fondamentaux de la doctrine, et ceux qui sont portés au catalogue ci-après, la maison se charge, à titre de commission, de tous les achats de librairie et des abonnements à tous les journaux et revues.

La maison ne fait pas suivre en remboursements. A l'exception des correspondants qui ont un compte courant, les demandes devront être accompagnées de l'envoi du prix en espèces, mandats de poste ou valeurs sur Paris, *à l'ordre de M. Bittard, gérant de la Librairie spirite, rue de Lille, 7, à Paris.*

Aux termes de la loi (art. 100 du Code de commerce), les marchandises voyagent aux risques du destinataire, sauf son recours contre l'entrepreneur du transport.

En conséquence, la maison n'est pas responsable de la perte des articles dont l'expédition est régulièrement constatée par ses registres. Elle se charge néanmoins, à titre officieux, de faire des réclamations à qui de droit.

On ne reçoit que les lettres affranchies.

Les frais de port pour l'étranger étant soumis à des écarts, variables selon les pays, seront calculés d'après les tarifs internationaux.

---

## II. — Ouvrages divers sur le Spiritisme

### OU COMPLÉMENTAIRES DE LA DOCTRINE

Nota. Les renvois à la *Revue spirite* indiquent les ouvrages dont il a été rendu compte.

**Abrégé de la doctrine spirite,** par Florent Loth, d'Amiens. — Broch. in-8; 1 fr. 25 c.; franco, 1 fr. 50 c. Amiens; principaux libraires.

Ce livre, destiné à répandre la doctrine dans les campagnes, est en partie extrait des ouvrages fondamentaux. (*Revue spirite* de février 1868, page 57.)

**Accord de la foi et de la raison,** dédié au clergé, par M. J.B. — Broch. in-8, 1 fr. 50 c.; franco, 1 fr. 75. (*Revue spirite* d'avril 1865, p. 128.)

**Clef de la vie.** (Voy. MICHEL.)

**Comment et pourquoi je suis devenu spirite**, par BORREAU, de Niort. — Broch. in-8, 2 fr., avec fac-simile; franco, 2 fr. 30 c. Paris, Didier; Niort, tous les libraires. (*Revue spirite* de décembre 1864, p. 393.)

**Derniers Jours d'un philosophe** (Les). — *Entretiens sur les sciences, sur la nature et sur l'âme*, par sir HUMPHRY DAVY, traduit de l'anglais et annoté par C. FLAMMARION. — 1 vol. in-12, 3 fr. 50 c. Paris, Didier. (*Revue spirite* de juillet 1869, page 216.)

**Dieu dans la nature**, par C. FLAMMARION. — 1 vol. in-12, 4 fr. Paris, Didier et Cie. (*Revue spirite* de septembre 1867, p. 286.)

**Dogmes** (Les) **de l'Église du Christ**, expliqué par le Spiritisme, par DE BOLTINN; traduit du russe. — 1 vol. in-8, 4 fr.; franco, 4 fr. 50. c. Paris, Reinvald. (*Revue spirite* de décembre 1866, p. 380.)

**Dozon** (HENRI). *Révélations d'outre-tombe.* — 4 vol. in-12, 4 fr.; franco, 5 fr. 20 c.

Recueil d'instructions tendant à l'union du Catholicisme et du Spiritisme, empreintes d'un profond sentiment religieux et d'une haute moralité, avec de nombreuses prières dictées par les Esprits. (*Revue spirite,* janvier 1862, page 29.)

— *Leçons de Spiritisme aux enfants.* — Broch. in-12, 50 cent.; franco, 60 c.

— *Revue,* collection de quinze mois, du 15 janvier 1863 au 15 avril 1864, 5 fr.; franco, 6 fr.

**Education maternelle** (L'), Conseils aux mères de famille, par madame E. C., de Bordeaux. — Broch. in-8, 50 c. Bordeaux, Ferret. (*Revue spirite* de juillet 1864, p. 223.) Epuisé.

**Entretiens familiers sur le Spiritisme**, par madame E. C., de Bordeaux. — Broch. in-8, 2 fr.; franco, 2 fr. 25 c. Bordeaux, Ferret. (*Revue spirite* de septembre 1865, p. 288.)

**Éternité dévoilée** (L'), par H. DELAAGE. — 1 vol. in-12, 3 fr.; franco, 3 fr. 50 c. Paris, Dentu.

**Études et séances spirites**, par le docteur HOUAT. — 1 vol. in-12, 3 fr.; franco, 3 fr. 50 c. Paris, Dentu.

Cet ouvrage est le résultat d'instructions données sur l'homœopathie, dans une série de séances, pendant un an, par la typtologie.

**Évangiles** (Les quatre), *suivis des Commandements,* expliqués en esprit et en vérité par les Evangélistes, par ROUSTAING, avocat à Bordeaux. — 3 vol. in-12, 10 fr. 50 c; franco, 11 fr. Paris, Aumont. (*Revue spirite,* juin et septembre 1866, p. 190 et 271.)

La théorie émise dans cet ouvrage sur la nature fluidique du corps de Jésus, qui ne serait né et n'aurait souffert qu'en apparence, est celle des *Docètes* et des *Apollinaristes* des premiers siècles de l'ère chrétienne. (Voir, sur cette théorie, a *Genèse selon le Spiritisme*, chapitre XV, numéros 64 à 68.)

**Forces** (Les) **physiques inconnues**, à propos des Davenport, par HERMÈS. — Broch. in-18, 1 fr.; franco, 1 fr. 20 c. Paris, Didier et Cie. (*Revue spirite* de mars 1866, p. 95.)

**Instruction pratique** *pour l'organisation des groupes spirites, spécialement dans les campagnes*, par M. C..., Paris, 1869. — *Librairie spirite*. 1 vol. in-12, 1 fr. (*Revue spirite* de juillet 1869, page 222.)

**Jeanne d'Arc** (Histoire de), dictée par elle-même à mademoiselle Ermance Dufau, âgée de 14 ans. — 1 vol. in-12, 3 fr.; franco, 3 fr. 30 c.

**Lettres sur le Spiritisme**, *écrites à des ecclésiastiques*, par M. J. B. — Broch. in-8, 50 c.; franco, 60 c. (*Revue spirite*, août 1864, page 252.)

**Manifestations des Esprits**, par PAUL AUGUEZ. — 1857. — 1 vol in-12, 2 fr. 50 c.; franco, 2 fr. 75 c. (*Revue spirite*, février 1858, p. 63.)

**Michel** (de Figagnères, Var). *La Clef de la vie*. — 2 vol. in-12, 7 fr. (Epuisé.)

Système étrange de cosmogonie et de théogonie universelles, dicté par M. Michel, en état d'extase. Ce livre, écrit au début des manifestations, coïncide, sur certains points, avec la doctrine spirite; mais sur le plus grand nombre, il est en contradiction avec les données de la science et l'enseignement général des Esprits. (Voir la *Genèse selon le Spiritisme*, chap. VIII, nos de 4 à 7.)

— *La vie universelle*, par le même. — 1 vol. in-8, 6 fr. (Epuisé.)

**Mirville** (de). *Des Esprits et de leur manifestations fluidiques*. — 1 vol. in-8, 7 fr.; franco, 7 fr. 50 c.

— *Manifestations historiques*. — 4 vol. in-8, 28 fr.; franco, 30 fr.

— *Manifestations thaumaturgiques et des miracles*. — 1 vol. in-8 et supplément, 9 fr. 50 c.; franco, 10 fr.

— *Questions des Esprits*. — 1/2 vol. in-8, 2 fr. 50 c.; franco, 2 fr. 75 c. Paris, Wattelier.

M. de Mirville a été l'un des premiers à affirmer et à prouver le fait de l'existence des Esprits et de leurs manifestations; son premier ouvrage, celui des *manifestations fluidiques*, a précédé le *Livre des Esprits*, et puissamment contribué à la propagation de l'idée en frayant la voie à la doctrine qui devait éclore plus tard. C'est donc à tort que certaines personnes considèrent l'auteur comme un antagoniste; il est opposé à la doctrine philosophique du Spiritisme, en ce sens que, conformément à l'opinion de l'Eglise catholique, il ne voit dans ces phénomènes que l'œuvre exclusive du démon. Cette conclusion à part, ses ouvrages, et le premier principalement, sont riches en faits spontanés très-instructifs, appuyés sur des preuves authentiques.

**Pluralité des mondes habités**, par C. FLAMMARION. — 1 vol.

in-12, 3 fr. 50 c. Paris, Didier et Cie. (*Revue spirite*, janvier 1863, p. 29; septembre 1864, p. 288.)

**Pluralité des existences de l'âme**, par PEZZANI, avocat. — 1 vol. in-12, 3 fr. 50 c. Paris, Didier et Cie. (*Revue spirite*, janvier 1865, p. 25.)

**Raison du Spiritisme** (La), par MICHEL BONNAMY, juge d'instruction, membre du congrès scientifique de France, ancien membre du conseil général de Tarn-et-Garonne. — 1 vol. in-12, 3 fr. Paris, librairie internationale. (*Revue spirite*, novembre 1867, p. 344.)

**Réalité** (La) **des Esprits** et le phénomène merveilleux de l'Ecriture directe, démontré, par le baron de GULDENSTUBBE.— 1 volume in-8 avec planches de fac-simile, 8 fr. Paris, Franck (Epuisé).

**Recherches sur les causes de l'athéisme**, en réponse à la brochure de Mgr Dupanloup, par une catholique. — Broch. in-8, 1 fr. 25 c.; franco, 1 fr. 40 c. Paris, Henri, Palais-Royal. (*Revue spirite*, juin 1867, p. 192.)

**Révélation sur ma vie surnaturelle**, par DUNGLAS HOME. — 1 vol. in-12, 3 fr. 50 c. Paris, Didier. (*Revue spirite*, septembre 1863, p. 281.)

**Révélations du monde des Esprits**, par ROZE. — 3 vol. in-12, 6 fr. Paris, Didier.

Théories cosmogoniques et psychologiques notoirement contredites par la science et l'enseignement général des Esprits, et que la doctrine spirite ne peut admettre.

**Spiritisme** (Le) **dans la Bible**, Essai sur les idées psychologiques des anciens Hébreux, par H. STECKI. — 1 vol. in-12, 1 fr.; Paris, Librairie internationale.

L'auteur a recueilli et commenté les passages de la Bible, qui ont des rapports avec le Spiritisme. (*Revue spirite*, novembre 1868, page 350.)

**Spiritisme** (Le) **devant la raison**, conférence, par V. TOURNIER, ancien journaliste. — Br. in-18, 1 fr.; franco, 1 fr. 25 c. Carcassonne, Lajoux; Toulouse, Bompart. (*Revue spirite*, mars 1868, p. 94.)

**Tables tournantes** (Des), par AGÉNOR de GASPARIN. 1854. (Epuisé.)

L'auteur a constaté la réalité des phénomènes, mais il cherchait à les expliquer sans le concours des Esprits.

---

## POÉSIE.

**Fables et poésies diverses**, par un Esprit frappeur. — 1 vol. in-12, 2 fr.; franco, 2 fr. 25 c. — Carcassonne, Toulouse, Bordeaux. Paris, Librairie spirite.

**Poésies d'outre-tombe**, obtenues dans la Société spirite de Constantine. — Broch. in-8, 1 fr. 50 c.; franco, 1 fr. 75 c. Paris, Chalamel.

**Echo poétique d'outre-tombe**, poésies médianimiques, obtenues par M. Vavasseur, précédées d'une étude sur la poésie médianimique, par ALLAN KARDEC. — 1 vol. in-12, 1 fr.; franco, 1 fr. 25 c. Paris, Librairie spirite.

---

## MUSIQUE.

**Fragment de sonate**, dicté par l'Esprit de Mozart à M. Brion d'Orgeval, médium. — Prix net : 2 francs; franco, 2 fr. 25 c. Paris, Librairie spirite.

**Cantate spirite**, avec accompagn. de piano, par MM. Herczka et Toussaint, de Bruxelles. — Prix net : 1 fr. 50 c. franco. — Pour la France : 1 fr. 60 c. — Bruxelles, 51, rue de la Montagne. (Au profit des pauvres.)

**Air et paroles du roi Henri III**, dictés en songe à M. Bach. — Prix : 3 fr.; franco, 3 fr. 50 c., chez Legouix, éditeur de musique. (Voir l'histoire de ce morceau et de l'épinette de Baldazzarini, *Revue* de juillet 1865, p. 193; et février 1866, p. 50.)

**Souvenir spirite**, nocturne-caprice pour piano, par C. CONSTANT, de Smyrne. — Prix : 5 fr.; franco, 5 fr. 50 c. Paris, Hartmann, éditeur de musique; Milan, Jean Canti; Naples, Girard; Livourne, Del Moro; Florence, Brizzi, Ducci, Guidi.

Ce morceau n'est point une production médianimique, mais une composition directe de l'auteur.

---

## DESSINS.

**Portrait de M. Allan Kardec**, dessiné et lithographié par M. BERTRAND, artiste peintre. — Dimension : papier chine, 35 centimèt. sur 38. — Prix : 2 fr. 50 c.; par la poste, pour la France et l'Algérie, port et étui d'emballage, 50 c. en plus.

— Photographie in-4, de 25 centimèt. sur 20; 3 fr. Port et emballage, 50 c. en plus.

— Carte-portrait : 1 fr.

**Portrait de Swedenborg**, carte-portrait, 1 fr.

— du docteur **Demeure**, carte-portrait, 1 fr.

— de l'abbé **Viannet**, curé d'Ars, carte-portrait, 1 fr.

**Auto-da-fé** des livres spirites à Barcelone. Photographie d'après le dessin original fait sur les lieux. — 1 fr.; par la poste, 1 fr. 25.

**Maison**, dite de *Mozart*, gravure médianimique, faite directement au burin en neuf heures, sans dessin préalable, par V. SARDOU; l'une des productions les plus remarquables en ce genre, par la multiplicité, la finesse et la délicatesse des détails. — Planche de 55 centim. sur 40. 1 fr. (*Revue spirite*, août 1858, page 222.)

---

### III. — Ouvrages faits en dehors du Spiritisme.

Les ouvrages ci-après, écrits à différentes époques, intéressent le Spiritisme par la similitude des principes, les pensées spirites que l'on y rencontre, les documents utiles qu'ils renferment, ou les faits qui s'y trouvent incidemment relatés. Parmi les auteurs contemporains, si les uns ont écrit sans le connaître, d'autres, sans le nommer, se sont évidemment inspirés de tout ou partie de ses principes.

Si l'on a porté sur ce catalogue quelques ouvrages qui ne sont plus dans le commerce, en raison de leur ancienneté, ou parce qu'ils sont épuisés, — ce que l'on a eu soin d'indiquer, — c'est pour les signaler à l'attention des personnes qui pourraient les trouver dans les bibliothèques ou ailleurs.

---

## PHILOSOPHIE ET HISTOIRE.

**Ame** (L'); démonstration de sa réalité, déduite des effets du chloroforme et de l'anesthésie, par RAMON DE LA SAGRA, correspondant de l'Institut. — 1868. — 1 vol. in-12, 2 fr. 50 c.; franco, 2 fr. 70 c. Paris, Germer-Baillière.

L'auteur, se basant sur la science pure et expérimentale, s'attache à démontrer que l'âme se révèle indépendante de l'action organique, dans les phénomènes de l'anesthésie, et que les incrédules la trouveront quand ils voudront se donner la peine d'observer. (*Revue spirite*, juillet 1868, page 219.)

**Ame** (L'), son existence, ses manifestations, par DYONIS. — 1 vol. in-12, 3 fr. 50. Paris, Didier et Cie.

Réfutation complète du matérialisme en général, et en particulier des doctrines de Buchner, Maleschott, et de la morale indépendante, par des considérations tirées de l'ordre moral, de l'ordre physique et de la philosophie rationnelle. Cet ouvrage est un de ceux que les spirites liront avec fruit, non pour se convaincre, mais pour y puiser de nouveaux arguments dans la discussion. L'auteur est un de ceux qui admettent le progrès indéfini de l'âme à travers l'animalité, l'humanité, et au delà de l'humanité. (*Revue spirite*, avril 1869.)

**Ame** (Conférence sur l'), par CHASERAY. — 1868. — Br. in-12, 1 fr. 50 c.; franco, 1 fr. 90. Paris, Germer-Baillière.

Théorie fondée sur la réincarnation, le périsprit, le progrès indéfini. (*Revue spirite* de septembre 1868, page 279.)

**Ame (L') et la vie**, par SAISSET. — 1 vol. in-12, 2 fr. 50 c.; franco, 2 fr. 75 c. Paris, Germer-Baillière.

Réfutation des doctrines matérialistes.

**Amitié** (L') **après la mort**, *contenant les lettres des morts aux vivants*, par madame ROWE. Traduit de l'anglais sur la 5e édition, et publié à Amsterdam en 1753.

Ouvrage très-rare aujourd'hui, contenant des communications de personnes décédées, en tout conformes à la doctrine spirite, et qu'on dirait écrites par nos médiums d'aujourd'hui. Il est à remarquer que cet ouvrage a précédé Swedenborg d'environ trente ans, et qu'il est, plus que ce dernier, dans la donnée des idées actuelles. (*Revue spirite* de novembre 1868, page 327.)

**An** (l') **2440**, *rêve s'il en fut jamais*, par MERCIER, auteur du *Tableau de Paris*. — Londres, 1775. — 1re édit. 1 vol. in-12; 2e édit. 2 vol. Ouvrage très-rare.

L'auteur suppose qu'il s'est endormi, et rêve qu'il se réveille en 2440, sept cents ans après sa naissance, et alors il fait le tableau physique et moral de Paris à cette époque. Si l'ouvrage contient des idées utopiques, il renferme aussi des vues philosophiques très-rationnelles, à la réalisation desquelles le Spiritisme pourra bien contribuer. Ce qui est remarquable, c'est que quelques-unes de ses prévisions, surtout en ce qui concerne le Paris physique, sont déjà un fait accompli, et que d'autres, au point de vue moral, sont tellement dans les aspirations, qu'on ne peut douter qu'elles ne le soient un jour. Parmi les idées réalisées, on peut citer : l'élargissement des rues de Paris, les grandes voies de communication, la jonction du Louvre et des Tuileries, l'institution des sergents de ville. Peut-être la lecture de cet ouvrage les a-t-elle inspirées.

**Apollonius de Tyane**, par PHILOSTRATE, traduit du grec par Chassang. — 1 vol. in-12, 3 fr. 50. Paris, Didier et Cie.

Apollonius de Tyane, philosophe contemporain de Jésus, était évidemment doué de certaines facultés psychiques et médianimiques, à l'aide desquelles il opérait des effets que l'on appelait alors des miracles, mais que l'imagination a amplifiés jusqu'à la légende. On lui attribuait, entre autres choses, le don de guérir, la prescience, la vue à distance, le pouvoir de lire dans la pensée, de chasser les démons, de se transporter instantanément d'un lieu dans un autre, etc. Il était très-instruit, de mœurs austères, et enseignait la sagesse; il avait de nombreux disciples, et n'a laissé aucun écrit. (*Revue spirite*, octobre 1862, page 289.)

**Arcanes de la vie future dévoilés**, PAR CAHAGNET. — 1848. — 3 vol. in-12, 15 fr. ; franco, 16 fr. Paris, Germer-Baillière.

Théorie du monde invisible et constatation de ses rapports avec le monde corporel, tirées de révélations somnambuliques.

**Au ciel on se reconnaît**, par le R. P. BLOT. — 1863. — In-18, 1 fr. ; franco, 1 fr. 15 c. Paris, Poussielgue-Rusand.

Pour justifier le titre de son livre, l'auteur cite un grand nombre de passages d'écrivains sacrés, d'apparitions et manifestations spontanées, qui prouvent la réunion, après la mort, de ceux qui se sont aimés, les rapports qui existent entre les morts et les vivants, les secours qu'ils se donnent mutuellement par la prière et l'inspiration. Nulle part il ne parle de séparation éternelle, des diables et de l'enfer; il montre, au contraire, les âmes les plus souffrantes délivrées par le repentir, la prière et la miséricorde de Dieu. (*Revue spirite* de février 1864, p. 61.)

**La Bible dans l'Inde**, *Vie de Iezeus Christna*, par Louis JACOLLIOT. — 1869. — 1 vol. in-8, 6 fr. 50 c. Paris, Librairie internationale.

L'auteur a longtemps habité l'Inde, et fait une étude approfondie de la langue sanscrite et des livres sacrés du Brahmisme. Il démontre que la civilisation hindoue a précédé toutes les civilisations connues, et qu'elle est de beaucoup antérieure aux temps bibliques; que les antiques croyances, la législation civile et religieuse, les coutumes de cette contrée, importées au loin par la colonisation, notamment en Egypte, en Grèce, en Perse et dans les différentes parties de l'Asie et de l'Europe, ont partout laissé des traces; que le sanscrit est la langue mère de l'hébreu, de l'arabe, du grec et du latin; que la législation mosaïque est calquée sur les lois de Manou, auxquelles Moïse avait été initié chez les prêtres égyptiens; sur ce dernier point, la concordance souvent littérale des textes ne peut laisser aucun doute. Sans adopter d'une manière absolue toutes les conclusions de l'auteur, son livre est riche en documents précieux qui jettent une nouvelle lumière sur la question si controversée des origines. Pour apprécier sainement certaines choses, il lui a manqué la connaisance des lois qui régissent les rapports du principe spirituel et de la matière, et les phénomènes de l'ordre psychique.

**Bouddha** (Le) **et sa religion**, par BARTHÉLEMY SAINT-HILAIRE. — 1 vol. in-12, 3 fr. 50 c. Paris, Didier et Cie.

**Camisards des Cévennes** (Histoire des), par E. BONNEMÈRE, auteur du *Roman de l'Avenir*. — 1 vol. in-12, 3 fr. 50 c.; franco, 4 fr. Paris, Décembre-Alonnier.

La guerre contre les camisards des Cévennes présente d'innombrables faits de seconde vue qui avaient été faussement appréciés. L'auteur restitue à ces phénomènes leur véritable caractère en les expliquant à l'aide des connaissances nouvelles fournies par le magnétisme et le Spiritisme. Il a enrichi son livre de documents authentiques que l'esprit de parti n'avait pas permis de publier en France. (*Revue spirite*, février 1869, page 56.)

**Channing**, *sa vie et ses œuvres*, par CH. DE RÉMUSAT. — 1 vol. in-12, 3 fr. 50 c. Paris, Didier et Cie.

Channing, pasteur protestant de la secte des Unitairiens, aux États-Unis, mort en 1860; homme de bien, supérieur sous tous les rapports. Sa philosophie morale est du plus pur Spiritisme.

— *Le Christianisme libéral.* — 1 vol. in-18, 3 fr. 50 cent. Paris, Charpentier.

— *De l'Esclavage.* — 1 vol. in-18, 3 fr. 50 c. Id.

**Conscience** (La) **et la foi**, par COQUEREL fils, pasteur protestant. — 1 vol. in-12, 2 fr. 50 c.; franco, 2 fr. 75 c. Paris, Germer-Baillière.

Concordance remarquable de la plupart des pensées et des vues progressives de l'auteur avec la philosophie spirite.

**Curiosités théologiques**, par un Bibliophile. — 1864. — 1 fort vol. in-18; 3 fr. Paris, Delahaye. (Epuisé.)

Recherches sur les croyances et pratiques abusives, superstitieuses et excentriques des différents cultes.

**Deschamps** (Emile). *Mon fantastique.* Publié en 1851 dans le *Mousquetaire;* en avril, même année, dans l'*Estafette;* en 1855, dans un volume intitulé : *Contes physiologiques, réalités fantastiques.* (Epuisé.)

Curieux récits de faits spontanés de manifestations, pressentiments, transmission de pensées, etc. (*Revue spirite*, octobre 1864, page 300.)

**Destinée de l'homme dans les deux mondes**, par HYP. RENAUD. — 1 vol. in-12, 2 fr.; franco, 2 fr. 25 c. Paris, Librairie des Sciences sociales.

**Destinées** (Des) **de l'âme**, avec des considérations prophétiques pour connaître le temps présent et les signes de l'approche des derniers jours, par A. d'ORIENT. — 1 fort vol. in-8, 7 fr. 50 c.; franco, 8 fr. Paris, Didier et Cie.

La première édition de cet ouvrage a paru en 1845; la nouvelle, plus complète, est de 1868. L'auteur traite la question au point de vue catholique; il cherche à donner aux dogmes une interprétation rationnelle à l'aide de la préexistence du corps fluidique, du progrès indéfini, de la non-éternité des peines, etc. Son livre a été mis à l'index. Dans cette nouvelle édition, il fait appel au clergé mieux informé, et au futur concile, dans l'intérêt du catholicisme. Dans l'émission de certaines idées, l'auteur a donc devancé le Spiritisme, bien qu'il s'en écarte sur d'autres points.

**Dictionnaire** (Petit) **des dictionnaires**, abrégé de Napoléon Landais, contenant, dans le Supplément, la définition des termes spéciaux du vocabulaire spirite. — 1 vol. in-32, de 600 pages, 1 fr. 50 c.; franco, 2 fr. Paris, Didier.

**Dictionnaire universel** encyclopédique, illustré, par MAURICE LACHATRE. — 2 vol. grand in-4° de 1600 pages, 48 fr. Port en sus. Paris, 38, boulevard Sébastopol.

On y trouve la définition raisonnée des termes du vocabulaire spirite, et plusieurs articles apologétiques du Spiritisme, notamment aux mots : *Ame, Allan Kardec*, etc. (*Revue spirite* de janvier 1866, p. 29.)

**Dieu** (Le) **inconnu**, par ANATOLE LE PELLETIER. — 1867. — 1 vol. in-8, 4 fr. ; franco, 4 fr. 50 c. Paris, Lelogeais.

Le Dieu inconnu, selon l'auteur, est le Saint-Esprit dont il définit les attributions dans le sens des dogmes de l'Eglise auxquels il est sincèrement attaché. Il n'ignore pas le Spiritisme, bien qu'il n'en fasse aucune mention, car il lui emprunte le *périsprit*, qu'il désigne nominativement comme partie constituante de tout être vivant, enveloppe fluidique de l'âme, et lui attribue son véritable rôle dans la vie corporelle et dans la vie spirituelle.

**Discernement des Esprits** (Traité du), par le cardinal BONA. — 1676. — Traduit de l'italien en 1840. 1 vol. in-12, 1 fr. 80 c.; franco, 2 fr. 25 c. Paris, Castermann.

Le but de cet ouvrage est d'indiquer les moyens de distinguer les bons Esprits des mauvais. L'auteur envisage la question à un point de vue qui, sous plus d'un rapport, est conforme aux principes de la doctrine spirite.

**Dogmes nouveaux**, poëme, par EUG. NUS. — 1 vol. in-12, 3 fr. Paris, Dentu. (Epuisé.)

**Dogmes chrétiens** (Histoire des), par HAAG. — 2 vol. grand in-8, 15 fr.; franco, 16 fr. Paris, Cherbuliez.

**Doute** (Le), par RAPHAEL. — 1866. — 1 vol. in-8, 6 fr.; franco, 6 fr. 40 c. Paris, Marpon.

C'est l'histoire d'un curé de campagne, racontée par lui-même, homme de bien et de progrès, très-attaché d'abord à la foi orthodoxe, mais que la réflexion et l'observation conduisent à un doute désespérant. Un vieux curé du voisinage, qui s'est trouvé dans la même situation, lui expose une doctrine qu'il dit lui avoir été léguée par un prêtre mort en 1798 et qui a ramené dans son âme l'espérance et le calme de la conscience, en lui donnant une foi raisonnée, inébranlable en l'avenir, en la bonté et la justice de Dieu. Cette doctrine n'est autre que la philosophie spirite, dont le nom ne peut être prononcé, puisqu'elle est censée l'avoir précédée d'un demi-siècle, mais qui est évidemment puisée dans les ouvrages spéciaux, puisqu'on y trouve une parfaite identité de principes et des citations textuelles.

**Dyonis.** (Voy. *Ame.*)

**Écrin littéraire et philosophique**, par madame la vicomtesse de VIVENS. — 1 vol. in-12, 3 fr. 50 c.; franco, 4 fr. Paris, Thorin.

Recueil de pensées extraites de divers auteurs anciens et modernes, au nombre desquels figure l'auteur du *Livre des Esprits*.

**Enfer** (L'), par Aug. Callet. — 1 vol. in-12, 3 fr.; franco, 3 fr. 25 c. Paris, Michel Lévy.

Critique historique et raisonnée des doctrines de l'enfer chrétien. Quelques extraits ont été publiés dans *Ciel et Enfer*, de M. Allan Kardec.

**Essai de philosophie religieuse**, par Saisset. — 2 vol. in-18, 7 fr. Paris, Charpentier.

**Essai sur l'identité** des agents qui produisent le son, la chaleur, la lumière, l'électricité, etc., par H. Love, 1861. — 1 vol. in-8, 6 fr.; franco, 6 fr. 75 c. Paris, Lacroix.

L'auteur démontre scientifiquement : l'existence de Dieu, l'identité des fluides, la nécessité de plusieurs existences, ou réincarnations. L'homme, dit-il, est une force matérielle, intelligente, libre, sensible, préexistante, éternellement perfectible. Cet ouvrage, d'une haute portée scientifique et philosophique, sera lu avec fruit par tous les hommes sérieux.

**Fénelon**. *De l'Existence et des attributs de Dieu.* — 1 vol. in-12, 3 fr.; franco, 3 fr. 30 c.

— *Télémaque.* — 1 vol. in-12, 3 fr.; franco, 3 fr. 50 c.

(Voir, dans *Télémaque*, la description de l'Elysée et du Tartare païen.)

**Fin du monde en 1911.** — Broch. in-12, 1 fr. Lyon, Josserand.

Curieuse peinture du règne de l'Antechrist, qui doit marquer la fin des temps. (*Revue spirite* d'avril 1868, page 107.)

**Fourier** (Charles). *Théorie des quatre mouvements.* — 1 vol. in-8, 5 fr.; franco, 5 fr. 50 c.

— *L'harmonie universelle et le phalanstère.* — 2 vol. in-18, 5 fr.; franco, 5 fr. 50.

— *Théorie de l'unité universelle.* — 4 vol. in-18, 18 fr.; franco, 20 fr. Paris, Librairie des sciences sociales, où se trouvent tous les ouvrages concernant la doctrine de Fourier.

— *Fourier, sa vie et ses œuvres*, par Pellarin. — 1 vol. in-18, 3 fr. (Epuisé.)

Cet ouvrage contient une lettre de Fourier écrite en 1826, et où l'on trouve cette prévision du Spiritisme : « Si tout est lié dans la nature, il doit exister des moyens de communication entre les créatures de l'autre monde et celui-ci. »

Le Spiritisme, sans admettre toutes les idées de Ch. Fourier, se rencontre avec lui sur plusieurs points, notamment sur le principe de la réincarnation et le progrès indéfini de l'Esprit. Il tend au même but : l'amélioration sociale et la fraternité universelle, quoique par des moyens différents. Fourier peut être considéré comme un des précurseurs du Spiritisme.

**Gasparin** (Le Cte A. de). *L'Égalité.* — 1 vol. in-18, 3 fr.; franco, 3 fr. 50 c. Paris, 1869. Michel Lévy.

**Grands Mystères** (Les), par EUG. NUS. — 1 vol. in-12, 3 fr; franco, 3 fr. 50. Paris, Librairie des Sciences sociales.

Les grands mystères sont : la vie universelle, la vie individuelle, la vie sociale, la naissance, la mort, le passé et l'avenir de l'homme. Ces questions sont résolues par la pluralité des existences, le progrès indéfini, conformément aux principes du Spiritisme. Cet ouvrage se recommande par l'élévation des pensées philosophiques, l'élégance et la poésie du style.

**Hallucinations** (Les), par le docteur BRIÈRE DE BOISMONT. — 1 vol. in-8, 7 fr.; franco, 7 fr. 75 c. Paris, Germer-Baillière.

Cet ouvrage est riche en phénomènes psychologiques spontanés observés dans l'aliénation mentale, la catalepsie, etc., et qui ne trouvent leur explication que dans le Spiritisme.

**Homme et nature**, par KŒPLIN. 1 vol. in-18, 2 fr.; franco, 2 fr. 30 c. Paris, Thorin.

**Huc.** (Voy. *Voyages.*)

**Hugo** (VICTOR). *Le Livre des mères et des enfants.* — 1 vol. in-18, 2 fr.; ranco, 2 fr. 25 c. Paris, Hetzel.

— *Voyages en Zélande.* — 1 vol. in-18, 3 fr.; franco, 3 fr. 25 c. Paris, M. Lévy. (*Revue spirite,* décembre 1867, page 357.)

**Immortalité** (L'), par DUMESNIL. — 1 vol. in-8.

Ouvrage très remarquable comme réfutation du matérialisme, par la conformité des principes avec la philosophie spirite. (Épuisé.)

**Joseph de Maistre.** *Soirées de Saint-Pétersbourg.* — 2 vol. in-8, 12 fr.; franco, 13 fr.

Quoique cet ouvrage soit écrit à un point de vue exclusivement catholique, certaines idées semblent inspirées par la prévision des temps présents, et, à ce titre, méritent l'attention des penseurs. (*Revue spirite,* avril 1867, page 101 : *De l'esprit prophétique.*)

**Jourdan** (LOUIS). *Prières de Ludovic.* — Petit in-18, 1 fr. franco, 1 fr. 25 c. Paris, Librairie nouvelle.

Ce livre est une profession de foi des plus explicites à l'égard du principe de la réincarnation. (*Revue Spirite,* décembre 1862, page 375.)

— *Le Philosophe au coin du feu.* — 1 vol. in-12, 3 fr.; franco, 3 fr. 40 c. Paris, Dentu.

Cet ouvrage contient un compte rendu du *Livre des Esprits.* (*Revue spirite,* avril 1861, page 99.)

**Lavater**, *correspondance inédite avec l'impératrice Marie de Russie, sur l'avenir de l'âme.* Traduit de l'Allemand sur le manuscrit original, déposé à la bibliothèque impériale de Saint-Pétersbourg. — Broch. in-8, 50 c.; franco, 60. (*Revue spirite* de mars 1868, page 71.)

**Le roman de l'Avenir**, par E. BONNEMÈRE. — 1 vol. in-12 3 fr.; franco, 3 fr. 40. Paris, Librairie internationale.

Ce livre n'a du roman que le titre; c'est un cadre très-simple pour l'exposition des idées religieuses et sociales qui doivent un jour prévaloir dans la société, et qui sont entièrement conformes à la doctrine spirite. Ouvrage à la fois très instructif et très intéressant. (*Revue spirite*, juillet 1867, page 215.)

**Lettre** (La) **tue et l'esprit vivifie**, ou *Foi et raison*, par Frédéric Esmenjaud, curé démissionnaire. — 1 vol. in-12, 3 fr.; franco, 3 fr. 50 c. Paris, Dentu.

Exposé des motifs qui ont engagé l'auteur à quitter l'état ecclésiastique.

**Lettre d'un libre-penseur à un curé de village**, par Léon Richer. — 1 vol. in-12, 3 fr.; franco, 3 fr. 50 cent. Paris, Lechevalier.

Ouvrage d'une haute portée morale et philosophique, écrit avec élégance, clarté et simplicité, au point de vue du spiritualisme rationnel, et dont la plupart des pensées semblent empruntées au Spiritisme que cependant l'auteur ne connaissait pas. « Je crois, dit-il, à la persistance de l'être individuel à travers les transformations sans nombre qu'il subit; je crois qu'il s'élève ou descend dans la série indéfinie des existences, selon qu'il a grandi, ou qu'il s'est abaissé dans les vies antérieures, sans jamais rien perdre, cependant, des facultés qu'il a une fois acquises. »

**Lettres à mon frère sur mes croyances religieuses**, par Briancourt. — 1 vol. in-18, 3 fr. 50 c.; franco, 4 fr. Paris, Librairie des Sciences sociales.

Ouvrage écrit dans le sens des idées fouriéristes. L'auteur dit, dans sa profession de foi : « Je crois qu'à la mort de leurs corps visibles, ces êtres continuent à vivre dans le monde aromal, où ils trouvent la rémunération exacte de leurs œuvres bonnes ou mauvaises; puis, qu'après un temps plus ou moins long, ils reprennent un corps matériel pour l'abandonner encore à la décomposition, et ainsi de suite. »

**Lettres** *adressées aux personnes sympathiques aux idées sociales et providentielles*, par M. Médius Le Moyne, ingénieur en chef des ponts et chaussées, en retraite. — 1 vol. in-8, 5 fr.; franco, 5 fr. 50 c. Metz, Luidin; Paris, Librairie des Sciences sociales.

Doctrines basées sur les idées fouriéristes au point de vue social, et ayant de nombreux points de contact avec le Spiritisme sous le rapport psychologique, mais qui s'en écartent en ce qui concerne le sort futur de l'âme, pour lequel l'auteur dénie toute intervention de la divinité.

**Mahomet et le Coran**, par Barthélemy Saint-Hilaire. — 1 vol. in-12, 3 fr. 50 c. Paris, Didier et Cie. (*Revue spirite* d'août et novembre 1866, p. 225 et 321.)

**Manuel de Xéfolius**, 1788, réédité en 1862. — 1 vol. in-12, 2 fr. 50 c.; franco, 2 fr. 90 c. Paris, Hachette.

Cet ouvrage, attribué à Félix de Wimpfen, guillotiné en 1793, est un exposé de principes en concordance remarquable avec ceux du

Spiritisme. L'auteur appartenait à la secte des théosophes qui en ont été les précurseurs les plus directs. (*Revue spirite* d'août 1865, page 245.)

**Martin** (Henri), *Histoire de France*. — 3 vol. in-8, 24 fr.; franco, 25 fr. 50 c. Paris, Furne.

Détails précis sur les croyances druidiques dans le tome 1er. Le druidisme admettait le progrès et la purification de l'âme dans une série d'existences successives. (*Revue spirite*, avril 1858, page 95.)

**Martin** (Le Laboureur Thomas), récit des apparitions qu'il a eues et de sa présentation à Louis XVIII, 1819. — 1 vol. in-8. (Epuisé.)

Cet ouvrage, publié en 1832, sous le titre de *Le passé et l'avenir*, est introuvable aujourd'hui. Les faits les plus curieux qu'il relate ont été publiés dans la *Revue spirite* de décembre 1866, page 353.

**Matérialisme contemporain** (Le), par Janet. — 1 vol. in-12, 2 fr. 50 c.; franco, 2 fr. 80 c. Paris, Germer-Baillière.

Réfutation des doctrines matérialistes.

**Méditations** *sur la vie et les devoirs*, ouvrage traduit de l'anglais, et publié avec la permission de S. M. la reine Victoria. — 1 vol. in-8, 6 fr.; franco, 6 fr. 50 c. Paris, Dentu.

**Merlin** (L'enchanteur), par M. de la Villemarqué. — 1862. — 1 vol. in-12, 3 fr. 50 c. Paris, Didier et Cie.

Détails intéressants sur la vie réelle et légendaire de Merlin, et sur les mœurs des Gaulois de l'Armorique.

**Miettes de l'Histoire** (Les), par Auguste Vaquerie. — 1 vol. in-12, 3 fr. 50 c.; franco, 4 fr. Paris, Pagnerre.

Ouvrage contenant incidemment le récit de séances de manifestations spirites, chez madame E. de Girardin.

**Miraculés** (Histoire des) *et des convulsionnaires de Saint-Médard*, par P.-F. Mathieu. — 1864. — 1 vol. in-12, 3 fr. 50 c. Paris, Didier.

**Moi divin** (Le), par Destrem. — 1 vol. in-12, 2 fr.; franco, 2 fr. 25 c. Paris, Librairie des Sciences sociales.

**Mysticisme en France au temps de Fénelon**, par Matter. — 1866. — 1 vol in-12, 3 fr. 50 c. Paris, Didier et Cie.

Histoire des rapports de Fénelon et de madame Guyon au sujet de la doctrine de celle-ci sur les différentes variétés de l'extase qu'elle prétendait ériger en principe religieux. C'était un premier pas vers la théorie de l'émancipation de l'âme qui devait s'élucider et se développer sous l'empire du Spiritisme. L'auteur apprécie cette doctrine au point de vue d'un homme qui n'admet pas l'existence de cette faculté.

**Nostradamus** (Les Oracles de), texte original, traduit et expliqué par Anatole Le Pelletier. — 1868. — 2 vol. in-8, 6 fr.; franco, 7 fr. Paris, Lelogeais.

— Par Eug. Bareste. — 1840. — 1 vol. in-12, 3 fr. 50 c.; franco, r. Paris, Plon.

**Nus.** (Voyez *Grands Mystères. — Dogmes nouveaux*).

**Origine et transformations de l'homme**, par TRÉMAUX. — 1 vol. in-12, 3 fr. 50 c.; franco, 4 fr. Paris, Hachette.

L'auteur s'attache à démontrer scientifiquement que la race humaine procède de souches multiples formées à différentes époques; il admet comme loi, que : « la perfection des êtres est, ou devient proportionnelle au degré d'élaboration du sol sur lequel ils vivent, et que le sol est, en général, d'autant plus élaboré, qu'il appartient à une formation géologique plus récente. »

**Pierre Leroux.** *De l'humanité.* — 1 vol. in-12. Paris, Garnier. (Epuisé.)

**Protestantisme libéral** (Le), par le pasteur BOST. — In-12, 2 fr. 50 c.; franco, 2 fr. 75 c. Paris, Germer-Baillière.

Pensées concordantes avec la philosophie spirite.

**Régiment fantastique** (Le), par VICTOR D'AZUR. — 1868. — 1 vol. in-12, 3 fr. 50 c.; franco, 4.

Sous une forme en apparence légère, cet ouvrage traite les plus hautes questions de morale, de philosophie et d'ordre social, à un point de vue tout à fait spirite. La donnée principale est l'expiation et le progrès dans des existences successives. Les expressions textuelles que l'on y rencontre en maints endroits, prouvent que l'auteur s'est inspiré des ouvrages spéciaux de la doctrine. (*Revue spirite* de septembre 1868, p. 271.)

**Religion** (La) **et la politique dans la société moderne,** par HERRENSCHNEIDER. — 1867. — 1 vol. in-12 de 600 pages, 5 fr.; franco, 5 fr. 60 c. Paris, Dentu.

Ouvrage de haute philosophie, dans lequel l'auteur s'appuie sur la réincarnation, comme seule solution rationnelle des problèmes jusqu'ici insolubles, de morale et de psychologie, et sur les principes généraux du Spiritisme. (*Revue spirite* de juin 1868, p. 183.)

**Religion du bon sens** (La), par ED. RICHER. — 1 vol. in-18, 6 fr.; franco, 6 fr. 50 c. Paris, Yung-Treuttel.

Théorie déduite de la doctrine de Swedenborg.

**Révolutions inévitables** (Les) **dans le globe et dans l'humanité,** par RICHARD. — 1 vol. in-18, 2 fr. 50 c.; franco, 2 fr. 75 c. Paris, Pagnerre.

Tableaux de la marche providentielle du progrès physique et moral, selon les lois de la nature; l'auteur s'attache à démontrer que l'homme et le globe marchent vers la perfection au lieu de dégénérer. Ouvrage très-instructif et d'un haut intérêt par les données scientifiques et la rationalité des vues. Concordance remarquable aves les principes de la philosophie spirite. Style correct, parfois facétieux, mais toujours de bon goût, qui ôte la monotonie d'un sujet sérieux, sans exclure la profondeur des idées.

— *Les lois de Dieu et l'esprit moderne*, par le même. — 1 vol. in-12, 2 fr. 50 c.; franco, 2 fr. 75 c.

Complément de l'ouvrage précédent.

— *Origine et fin des mondes*, par le même. — 1 vol. in-18, 60 c.; franco, 80 c.

— *Les Mystères du peuple arabe*, par le même. — 1 joli vol. in-18, 3 fr. 50 c.; franco, 4 fr.

**Reynaud** (Jean), membre de l'Institut. *Terre et Ciel*. — Edition in-12, 4 fr. (Epuisée). Edition in-8, 7 fr.; franco, 7 fr. 50 c. Paris, Furne.

Jean Reynaud a été l'un des précurseurs les plus immédiats du Spiritisme; comme tant d'autres écrivains, il a conçu la doctrine spirite par intuition. Son ouvrage, un des plus remarquables en ce genre, comme pensées et comme style, publié en 1854, l'a précédée de peu d'années; s'il l'eût écrit comme spirite, il aurait eu peu de choses à modifier dans ses idées. Sa théorie du passé et de l'avenir de l'homme repose sur le principe de la réincarnation avec toutes ses conséquences morales. Le talent et la position de l'auteur donnent à ses paroles une incontestable autorité.

— *Esprit de la Gaule*. — 1 vol. in-8, 6 fr.; franco, 6 fr. 50 c.

Détails authentiques sur les mœurs des Gaulois et les croyances druidiques. La philosophie des druides admettait le progrès indéfini par les existences successives et les épreuves de la vie. (*Revue spirite*, avril 1858, page 95.)

**Saint Martin**, dit le *philosophe inconnu*, par MATTER. — 1862. — 1 vol. in-12, 3 fr. 50 c. Paris, Didier.

Saint Martin fut le fondateur de la secte des théosophes, qui eut un certain retentissement à la fin du siècle dernier, et dont les croyances étaient basées sur la possibilité des relations entre le monde visible et le monde invisible. Elle comptait, parmi ses adeptes, des hommes distingués par leur intelligence, mais qui tenaient, en général, leur doctrine secrète.

**Silvio Pellico**. *Mes Prisons*. — 1 vol. in-12, 1 fr.; franco, 1 fr. 25 c. (*Revue spirite* de janvier 1869, page 22.)

**Swedenborg**, *sa vie et ses œuvres*, par MATTER. — 1863. — 1 vol. in-12, 3 fr. 50. Paris, Didier et Cie.

Cet ouvrage est plutôt la vie de Swedenborg qu'un exposé de sa doctrine. Swedenborg était un médium naturel, extatique, voyant et auditif; il a écrit ce qu'il a vu et entendu, et comme il était seul, il n'a pu contrôler ses observations par d'autres témoignages, d'où il suit que sa doctrine est fondée sur les impressions d'une seule individualité. Le Spiritisme, au contraire, est le résultat des observations concordantes faites à l'aide de milliers de médiums dans divers pays, ce qui a permis d'étudier le monde invisible dans toutes ses phases, abstraction faite des idées et des croyances de l'individu. Malgré les différences qui existent, sur quelques points, entre les deux doctrines, Swedenborg n'en est pas moins un des précurseurs les plus éminents du Spiritisme, tant par ses travaux que par ses qualités personnelles.

— *Œuvres complètes de Swedenborg*, traduites en français par M. LE BOYS DES GUAYS. Paris, chez Jung Treuttel.

Elle se compose de 32 ouvrages, dont les principaux sont :

— *Arcanes célestes*, 16 vol. in-8, 120 fr. — Chaque volume se vend séparément 7 fr. 50 c.; franco, 8 fr.

— *La vraie Religion chrétienne*, contenant toute la théologie de la nouvelle Eglise. 3 vol. in-12, 15 fr.; franco, 16 fr.

— *Du Ciel et de ses merveilles et de l'Enfer*, d'après ce qui a été vu et entendu par l'auteur. — 1 vol. in-12, 2 fr.; franco, 2 fr. 40 c.

Ce volume est un de ceux qui offrent le plus d'analogie avec la doctrine spirite, sous le rapport de l'état des Esprits dans le monde invisible.

— *De la nouvelle Jérusalem et de sa doctrine céleste.* — 1 vol. in-12, 4 fr.; franco, 4 fr. 50 c.

— *Apocalypse révélée.* — 3 vol. in-12, 15 fr.; franco, 16 fr.

— *Apocalypse expliquée.* — 7 vol. gr. in-8, 70 fr.; franco, 75 fr.

**Spiritualisme rationnel** (Le), par LOVE. — 1 vol in-12, 3 fr. 50 c. Paris, Didier et Cie.

Concordance avec les principes du Spiritisme.

**Spiritualisme** (Le) **et l'idéal**, par CHASSANG. — 1 vol. in-12, 3 fr. 50 c. Paris, Didier et Cie. (*Revue spirite* de novembre 1868, page 342.)

**Terre et Ciel.** (Voy. REYNAUD.)

**Traditions populaires comparées**, par DÉSIRÉ MONNIER. — 1854. — 1 fort vol. in-8, 7 fr.; franco, 7 fr. 50 c. (Edition rare.)

**Trois filles de la Bible** (Les), par H. RODRIGUES. — 1867. — 1 vol. in-12, 1 fr.; franco, 1 fr. 50 c. Paris, Michel Lévy.

Les trois filles de la Bible sont : le judaïsme, le christianisme et l'islamisme, que l'auteur pressent devoir un jour se fondre dans une seule croyance. (*Revue spirite* de février 1867, page 41.)

**Viannet** (L'abbé), *curé d'Ars;* sa vie, par MONNIN. — 2 vol. in-12, 7 fr. 50 c.; franco, 8 fr. 50 c. Paris, Hachette.

Le vénérable curé d'Ars a été un modèle de piété éclairée et de vraie charité chrétienne. Il jouissait de certaines facultés médicamenteuses inconscientes, et notamment de celle de guérir par influence. Pendant sa vie il a eu de nombreuses manifestations d'un Esprit qu'il appelait le Grapin. Depuis sa mort, il est peu de centres spirites où il ne se soit communiqué, et où il n'ait donné des preuves de sa bonté et de sa supériorité par la sagesse de ses instructions.

**Vie future** (Y a-t-il une)? Opinions diverses sur ce sujet, recueillies et mises en ordre par un Revenant. — 1864. — 1 vol. in-12, 3 fr.; franco, 3 fr. 30 c.

Ce Revenant est un savant mathématicien qui a traité la question avec une remarquable clarté et une logique irrésistible, en parfaite concordance avec la doctrine spirite, dont l'auteur s'est évidemment inspiré. Les spirites puiseront dans cet ouvrage de nouveaux arguments pour réfuter leurs adversaires. (*Revue spirite*, avril 1869.)

**Voix sortie des Cieux** (Une), par JEAN-LOUIS WAÏSSE. — 1 vol. in-8. (Epuisé.)

Cet ouvrage, quoique publié en 1852, est à peu près introuvable aujourd'hui. On le mentionne ici, néanmoins, comme un type remarquable de prévisions, et parce que l'auteur, sans connaître le Spiritisme qui n'existait pas encore, annonce son avénement prochain, avec son véritable caractère; il le désigne sous le nom de *Consolateur* promis par Jésus, et comme une doctrine devant accomplir la troisième révélation, et régénérer l'humanité.

**Voyages au Thibet et en Tartarie**, par le P. HUC, missionnaire. — 2 vol. in-12, 7 fr.; franco, 8 fr. Paris, Gaume.

**Voyages en Chine**, par le même. —2 vol. in-12, 7 fr.; franco, 8 francs.

Le P. Huc, ayant vécu pendant trente ans dans ces contrées, dont les langues lui sont devenues familières, et fréquenté les lamaseries des Bouddhistes, a recueilli sur les croyances de ces peuples des documents authentiques, dont plusieurs intéressent le Spiritisme au point de vue des faits, de l'histoire et de la philosophie. C'est un tableau des lieux et de la vie intime, au physique et au moral, écrit avec simplicité, d'une lecture attachante, et rès-instructive.

**Voyante de Prévorst** (La). Traduit de l'allemand; se trouve dans l'ouvrage intitulé : *Des tables parlantes*, par Goupy. — — 1855. — 1 vol. in-8, 6 fr.; franco, 6 fr. 60. Germer-Baillière.

Récit des visions d'une extatique célèbre en Allemagne

**Wallon.** *Histoire de Jeanne d'Arc*, couronnée par l'Académie. — 1 vol. in-12, 1 fr.; franco, 1 fr. 40 c. Paris, Hachette.

---

## ROMANS.

Dans quelques-uns des ouvrages ci-après, l'idée spirite est dominante, et fait le fond du sujet; dans d'autres, elle n'est qu'accessoire et consiste dans l'affirmation de certains faits, ou dans l'émission de pensées conformes aux principes de la doctrine.

**Balzac.** *Séraphitus Séraphita.* — Dans le vol. intitulé : *Louis Lambert.* — 1 vol. in-18, 1 fr. 25 c.; franco, 1 fr. 50 c. Paris, Michel Lévy.

Sujet fantastique dont l'action se passe en Norwége parmi les adeptes de Swedenborg. Séraphitus Séraphita est un être mystérieux qui appartient plus au monde spirituel qu'au monde corporel, et qui revêt tour à tour les apparences d'un homme et d'une femme. Le fond de l'ouvrage est le développement d'idées profondément philosophiques et d'une haute moralité sur l'avenir d l'homme.

— *Ursule Mirouet.* — 1 vol. in-12, 1 fr. 25 c.; franco, 1 fr. 50 c. Paris, Michel Lévy.

Sujet tiré des effets de la double vue naturelle et de la lucidité magnétique.

**Barbara** (Charles). L'*Assassinat du Pont-Rouge.* — 1 vol. in-18 2 fr.; franco, 2 fr. 50 c. Paris, Hachette.

Idée saisissante et vraie du châtiment par la réincarnation de la victime dans le fils du meurtrier. (*Revue spirite* de janvier 1867, page 14.)

**Beecher Stowe** (Madame). *La Case de l'oncle Tom,* traduit de l'anglais. — 1 vol., 1 fr.; franco, 1 fr. 30, Paris, Hachette.

Affirmation du principe de la réincarnation comme source des penchants innés. Il est remarquable que cette doctrine soit affirmée dans une des œuvres les plus populaires aux Etats-Unis. (*Revue spirite* de novembre 1868, p. 332.)

**Berthet** (Elie). *La double vue.* — 1 vol. in-12, 3 fr.; franco, 3 fr. 50. Paris, Dentu.

Clairvoyance somnambulique magnétique et spontanée en action, avec des détails qui attestent une parfaite connaissance des conditions inhérentes à cette faculté, et des abus qu'on en peut faire. (*Revue spirite* de novembre 1865, page 360.)

**Bonnemère** (Eug.). *Louis Hubert.* — 1 vol. in-18, 3 fr.; franco, 3 fr. 50 c. Paris, Librairie internationale.

Histoire d'un curé de village et des tribulations que ses idées avancées et progressistes lui suscitent. Cet ouvrage fait partie de ceux qui ont été écrits par le jeune Breton en état de médiumnité inconsciente. (*Revue spirite* de juillet 1867, page 215.)

**Chave** (Clément de la). *La Magicienne des Alpes.* 1 vol. in-12, 2 fr.; franco, 2 fr. 40 c. Paris, 1861, Havard.

**Cummins** (Miss). *L'allumeur de réverbères,* traduit de l'anglais. — 1 vol. in-12, 1 fr.; franco, 1 fr. 30. Paris, Hachette.

Roman américain, très-moral, où l'idée de la présence parmi nous, de l'influence et de la protection de l'Esprit de ceux que nous avons aimés, est très clairement exprimée.

**Currer Bell** (Miss). *Jane Eyre,* traduit de l'anglais. — 2 vol. in-12, 2 fr. franco, 2 fr. 60. Paris, Hachette.

Histoire d'une jeune orpheline, honnête et laborieuse qui triomphe des vicissitudes de la vie par son courage et sa persévérance. On y trouve l'idée de la communication des âmes entre vivants.

**Dickens**. *Contes de Noël,* traduit de l'anglais. — 1 vol. in-12, 1 fr.; franco, 1 fr. 50. Paris, Hachette.

**Du Boys.** *La comtesse de Monte-Christo;* roman feuilleton, publié par la *Petite Presse* en mai 1868, non édité en volume.

Rapports avec le monde invisible; présence des Esprits autour de nous. (*Revue spirite* de mai 1868, page 146.)

**Dumas** (Alexandre). *Madame de Chamblay.* — 2 vol. in-18, 2 fr.; franco, 2 fr. 50. Paris, Michel Lévy.

Affirmation du principe de la double vue, ou vue psychique, spontanée et magnétique; vue à distance et prévisions.

**Durantin** (Armand). *La légende de l'homme éternel.* — 1 vol. in-12, 3 fr.; franco, 3 fr. 50 c. Paris, Dentu.

Sujet puisé nominativement dans la doctrine spirite, considérée à un point de vue sérieux, malgré quelques erreurs de principe. (*Revue spirite* de février 1864, page 61.)

**Erckmann-Chatrian.** *Le fou Yégof.* 1 vol. in-18, 3 fr.; franco, 3 fr. 50 c. — Br. in-8 illustrée, 1 fr. 35 c.; franco, 1 fr. 75 c. — *La maison forestière.* — 1 vol. in-18, 3 fr.; franco, 3 fr. 50. — Br. illustrée, 1 fr. 35 c.; franco, 1 fr. 75 c.

— *Hugues le loup* (contes de la Montagne). — 1 vol. in-18, 3 fr.; franco, 3 fr. 50 c. — Br. in-8 illustrée, 1 fr. 25 c.; franco, 1 fr. 50 c. Paris, Hetzel.

Ces trois ouvrages sont fondés sur des données entièrement spirites; on y trouve mis en action les principes de la prévision des choses par la vue à distance; de l'expiation par la rencontre des coupables dans les existences successives, etc.

**Gautier** (Théophile), *Spirite.* — 1 vol. in-12, 3 fr. 50 c. Paris, Charpentier. (*Revue spirite* de décembre 1865, p. 360; et mars 1866, page 91.)

— *Avatar.* — 1 vol. in-18, 1 fr. 50 c.; franco, 1 fr. 75 c.

*Avatar* est un mot indien qui signifie *incarnation, transformation.* La donnée de ce roman fantastique est fondée sur la permutation, opérée par la science d'un vieux docteur, entre les âmes de deux rivaux vivants qui prennent ainsi les apparences l'un de l'autre. Le docteur, de son côté, profite de l'occasion pour s'approprier le corps du plus jeune, afin d'hériter de sa propre science, et de poursuivre ses études avec des organes neufs, pouvant durer plus longtemps.

**Karr** (Alphonse). *Feu Bressier.* — 1 vol. in-18, 1 fr.; franco, 1 fr. 40 c. Paris, Michel Lévy.

**Léo** (André). *Les deux filles de M. Plichon.* — 1 vol. in-18, 3 fr. franco, 3 fr. 50 c. Paris, Hachette.

Intrigue fondée sur la différence de caractère de deux sœurs, dont l'une, superficielle et crédule, accepte sans examen toutes les traditions; l'autre, esprit sérieux, a montré une raison précoce. Sa droiture se révolte contre les préjugés sociaux, les traditions religieuses qui lui paraissent contraires aux lois de la nature et de la justice. La solidité et la rectitude de son jugement la font préférer par un jeune homme qui dit : « Si de toute ma foi je ne croyais pas à l'immortalité, je la comprendrais par elle; *cette âme si savante et si pure en naissant a déjà vécu;* je me demande seulement de quel ciel elle est tombée. » Ce roman, dont les caractères sont finement observés, est écrit avec pureté, et respire les sentiments de la plus grande honnêteté.

**Nodier** (CHARLES). *Lydie ou la Résurrection.* — *Trilby.* 1 vol. in-18, 3 fr. 50 c. Paris, Charpentier.

En écrivant ces deux charmantes nouvelles, l'auteur avait certainement l'intuition de la réincarnation et des Esprits familiers.

**Poë** (EDGAR). *Histoires extraordinaires.* — 2 vol. in-18, 2 fr.; franco, 2 fr. 50 c. Paris, Michel Lévy.

Le caractère fantastique de la plupart de ces histoires leur ôte toute probabilité, mais elles n'en accusent pas moins un fond de croyance à la pluralité des existences et à certains faits de l'ordre psychologique. Les lumières que le Spiritisme a portées sur les phénomènes de ce genre permettent de faire la part de la possibilité et de la légende.

**Robinson Crusoé**, par Daniel de Foë. — Edition complète, 2 vol. in-12, 2 fr. 50 c. Paris, Ducros.

— *Réflexions de Robinson*; 3e volume des *Voyages imaginaires;* traduit de l'anglais. Amsterdam, 1787. (Rare.)

Ce dernier ouvrage est la suite du premier; c'est Robinson retiré réfléchissant sur les aventures de sa vie, d'où il tire des déductions d'une haute portée philosophique. On trouve dans tous les deux l'affirmation de la plupart des principes du Spiritisme · réincarnation, rapports avec le monde invisible, assistance et manifestations des Esprits par inspirations, etc. (*Revue spirite* de mars et septembre 1867, pages 74 et 279.)

**Saintine** (XAVIER). *La seconde vie.* — 1 vol. in-8, 3 fr.; franco, 3 fr. 50 c. Paris, Hachette.

Récits de faits psychologiques, basés sur les rapports des hommes avec les êtres du monde invisible, et dont quelques-uns sont personnels à l'auteur.

**Sand** (MAURICE). *Callirhoë.* — 1 vol. in-18, 3 fr.; franco, 3 fr. 50 c. Paris, Michel Lévy.

Intrigue entièrement fondée sur la réincarnation, mais poussée au delà des limites du possible constaté par l'expérience, et touchant au fantastique.

**Sand** (Madame GEORGE). *Consuelo.* 3 vol. in-18, 3 fr.; franco, 3 fr. 75 c. Paris, Michel Lévy.

— *La Comtesse de Rudolstadt.* — 2 vol. in-18, 2 fr.; franco, 2 fr. 50 cent.

Ces deux ouvrages font suite l'un à l'autre. La réincarnation y joue un rôle principal dans des conditions un peu exagérées. Détails très intéressants sur les Hussites de la Bohême et la Franc-Maçonnerie.

— *Spiridion*. — 1 vol. in-18, 3 fr.; franco, 3 fr. 50 c.

Ce livre n'est pas un roman proprement dit, car l'intrigue y est à peu près nulle; c'est un cadre pour décrire les abus de la vie monastique, les péripéties et les angoisses d'un croyant conduit au doute et à l'incrédulité, et l'émission d'une doctrine religieuse en rapport avec les idées de l'époque. Les communications entre les morts et les vivants, par la vue, l'audition et l'inspiration y tiennent une place considérable, et ces différents phénomènes y sont décrits avec vérité.

Parmi les autres ouvrages du même auteur, où l'on rencontre des pensées spirites, on peut citer :

— *Mademoiselle de la Quintinie*. — 1 vol. in-18, 3 fr.; franco, 3 fr. 50 cent.

— *Le Péché de M. Antoine*. — 2 vol. in-18, 2 fr.; franco, 2 fr. 50 c.

**Sauvage** (Elie). *Mirette*. — 1867. — 1 vol. in-18, 3 fr.; franco, 3 fr. 50 c.

Récit simple, naïf, d'un intérêt soutenu, où tout est naturel et vraisemblable; point de situations romanesques, mais des scènes attendrissantes, des pensées élevées, des caractères tracés d'après nature; livre essentiellement moral dont les éléments sont puisés dans la philosophie spirite, et qui convient à la jeunesse des deux sexes. (*Revue spirite* de février 1867, page 59.)

**Scholl** (Aurélien). *Nouveaux Mystères de Paris*. (*Revue spirite* de janvier 1867, page 15.) Publiés en feuilletons, non édités en volume.

**Soulié** (Frédéric). *Le magnétiseur*. — 1 vol. in-18, 1 fr.; franco, 1 fr. 50 c. Paris, Michel Lévy.

**Sue** (Eugène). *Gilbert et Gilberte*. — 1 vol. in-18, 3 fr.; franco, 3 fr. 50 c. Paris, Michel Lévy.

Deux jeunes époux, sous l'inspiration d'un génie protecteur, font successivement l'épreuve des différentes positions sociales : fortune, gloire, naissance, etc., sujet intéressant; conséquences très morales.

— *Mémoire d'un mari*, par Fernand Duplessis. — 3 vol. in-18, 3 fr.; franco, 3 fr. 50 c. Paris, Librairie internationale. (*Revue spirite* de septembre 1868, page 268.)

Les pensées spirites émises dans ce dernier ouvrage ne sont pas le produit de l'imagination d'un romancier, c'est le récit véridique des sentiments produits au moment suprême, dans la famille d'un conventionnel, par la croyance à la réincarnation, à une époque où cette doctrine n'était pas encore formulée.

## THÉATRE.

**Galilée**, drame en vers, par M. Ponsard. — 1 vol. in-8, 4 fr.; franco, 4 fr. 50 c. Paris, Tresse (*Revue spirite*, avril et mai 1867 pages 97 et 145.)

**Drac** (Le), drame fantastique en trois actes, par madame G. Sand, joué au Vaudeville en 1865. — Br. in-12, 1 fr. 50 cent.; franco, 1 fr. 60 c. Paris, Tresse.

Sujet tiré d'une légende provençale. Le Drac est un Esprit protecteur des matelots. Dans la pièce, il est incarné sous la forme d'un adolescent dans une famille de pêcheurs, tout en conservant quelques-unes de ses attributions d'Esprit. Dans une scène, il contraint un homme à écrire malgré lui, comme le font les Esprits à l'égard des médiums.

**Elixir de Cornélius**, opérette-bouffe en un acte, jouée aux Fantaisies-Parisiennes en 1868. — Br. in-12, 1 fr.; franco, 1 fr. 50 c. Paris, Tresse.

Intrigue amusante, entièrement fondée sur l'idée de la réincarnation, avec changement de sexe. (*Revue spirite*, juillet 1868, page 215.)

**Les idées de madame Aubray**, comédie en quatre actes, par M. A. Dumas fils, jouée au Gymnase en 1867. — Br. in-12, 2 fr.; franco, 2 fr. 25 c. Paris, Tresse.

Une des idées de madame Aubray est celle-ci : « Oui, matériellement mon époux a disparu de ce monde, mais son âme est près de moi; il assiste à toutes mes actions, il commande à toutes mes pensées, à tout ce qui est bien; c'est lui qui vous parle en ce moment par ma bouche; il est assis à côté de moi, je le vois, je l'entends, je le sens. »

**Maxwell**, drame en quatre actes, par M. Jules Barbier, joué à l'Ambigu, en 1867. — Broch. in-4°, 50 c.; *id.*, in-12, 2 fr.; franco, 2 fr. 25 c. Paris, Michel Lévy.

Scènes très vraisemblables de somnambulisme magnétique, qui amènent le dénoûment par le fait de la clairvoyance de la personne magnétisée. Véritable leçon de magnétisme sérieux et réponse aux railleurs.

---

## SCIENCES.

Ouvrages utiles à consulter comme complément d'étude pour la partie scientifique de la doctrine.

**Astronomie**. *Etudes et Lectures sur l'astronomie*, par C. Flammarion. — 2 vol. in-12, 5 fr.; franco, 6 fr. Paris, Gauthier-Villard.

— *Merveilles célestes* par *le même*, — 1 vol. in-12, relié 3 fr. 50; franco, 4 fr. Paris, Hachette.

— *Lumen*, par *le même*.

Cet intéressant travail, inséré dans la *Revue du XIX*e *siècle*, sera prochainement complété et publié en un volume. (*Revue spirite* de mars et mai 1867, pages 93 et 151.)

**Géologie.** *Lettre sur les révolutions du globe*, par le docteur BERTRAND. — 1 vol. in-12 avec planches, 3 fr. 50 c.; franco, 4 fr. Paris, Hetzel.

Cet ouvrage, au niveau de la science moderne, écrit avec clarté et sans esprit de système, est à la portée des gens du monde, et offre une étude géologique d'un grand intérêt.

— *Discours sur les révolutions du globe*, par GEORGES CUVIER, avec notes du docteur HŒFER. — 1 vol. in-12, avec planches, 3 fr.; franco, 3 fr. 40 c. Paris, Didot.

Intéressants détails sur les fossiles.

— *La terre avant le déluge*, par L. FIGUIER. — 1 fort vol. in-8, avec de nombreuses planches, 10 fr.; franco, 10 fr. 75 c. Paris, Hachette.

— *De l'homme antédiluvien et de ses œuvres*, par BOUCHER DE PERTHES. — Broch. in-8, 2 fr.; franco, 2 fr. 25 c. Paris, Jung Treuttel.

— *Des Outils de pierre*, par *le même*. — Broch. in-8, 1 fr. 50 c.; franco, 1 fr. 70. Paris, Jung Treuttel.

**Intelligence des animaux**, par E. MENAULT. — 1 vol. in-12, avec planches, 2 fr.; franco, 2 fr. 30 c. Paris, Hachette.

— *L'esprit des Bêtes*, par TOUSSENEL. — 1 vol. grand in-8, avec planches, 5 fr.; franco, 5 fr. 75 c. Paris, Hetzel.

**Nouvaux principes de philosophie médicale**, par le docteur CHAUVET, de Tours. — 1 vol. in-12, 3 fr.; franco, 3 fr. 40 c. Tours, Guilland-Verger, Paris, Germer-Baillière. (*Revue spirite* de décembre 1866, page 388.)

**Phrénologie spiritualiste**, par le docteur CASTLE. — 1 vol. in-12; 3 fr. 50 c. Paris, Didier et Cie.

**Phrénologie**, *manuel pratique*, par le docteur FOSSATI. — 1 vol. in-12, avec planches, 6 fr.; franco, 6 fr. 50. Paris, Germer-Baillière.

**Physiognomonie**, par DELESTRE. — 1 vol. grand in-8, avec planches, 15 fr.; franco, 15 fr. 50 c. Paris, Renouard.

---

## MAGNÉTISME.

NOTA. — Tous les ouvrages ci-après se trouvent chez Germer-Baillière.

**Annales du magnétisme animal,** de 1814 à 1816. — 8 vol. in-8, 30 fr.; franco, 33 fr.

**Aubin Gauthier.** *Revue Magnétique*, journal des cures et des faits magnétiques et somnambuliques. — 2 vol. in-8, 6 fr.; franco, 7 francs.

**Bertrand** (Le docteur). *Traité du somnambulisme,* 1823. — 1 vol. in-8, 7 fr.; franco, 7 fr. 50 c.

**Billot** (Le docteur). Correspondance avec M. Deleuze. — 2 vol. in-8, 10 fr. (Epuisé.)

Cet ouvrage est très remarquable en ce que, dès 1820, le docteur Billot a déduit des phénomènes magnétiques et surtout somnambuliques, la preuve de l'existence et de l'indépendance de l'âme, de son action isolée de la matière, de la nature et de l'intervention des Esprits.

**Chardel.** *Esquisse de la nature humaine,* expliquée par le magnétisme animal. — 1826. — 1 vol. in-8, 5 fr.; franco, 5 fr. 50 c.

**Charpignon** (Le docteur). *Physiologie, médecine et métaphysique du magnétisme animal.* — 1 vol. in-8, 5 fr.; franco, 5 fr. 50 c.

Déductions d'une conformité remarquable avec les principes de la doctrine spirite.

**Deleuze.** *Instruction pratique sur le magnétisme animal.* — 1 vol. in-12, 3 fr. 50 c.; franco, 4.

L'un des meilleurs guides sur la matière.

**Du Potet** (Le baron). *Traité du magnétisme en douze leçons.* — 1 vol. in-8, 7 fr.; franco, 7 fr. 60 c.

**Lafontaine.** *L'art de magnétiser.* — 1 vol. in-8, 5 fr.; franco. 5 fr. 50 c.

**Mesmer.** *Mémoires et aphorismes,* suivis des procédés d'Eslon' 1 vol. in-18, 2 fr. 50 c.; franco, 3 fr.

**Millet.** *Cours de magnétisme en douze leçons.* — 1 vol. in-12, 3 fr.; franco, 3 fr. 50 c.

**Puységur** (Le marquis de). *Mémoires* pour servir à l'histoire et à l'établissement du magnétisme. — 1 vol. in-8, 6 fr.; franco, 6 fr. 60 c.

**Reichenbach** (Le chevalier de). *Lettres odiques-magnétiques,* traduites de l'allemand. — Broch. in-18, 1 fr. 50 c.; franco, 1 fr. 75 c.

Curieuses expériences sur le fluide *odique,* découvert par l'auteur, et qui paraissent devoir jeter une nouvelle lumière sur la question des fluides, si elles se confirment. Par les connaissances qu'ils possèdent, les spirites sont particulièrement en position de contrôler cette théorie.

**Teste.** *Manuel pratique du magnétisme animal,* exposition méthodique des procédés employés pour produire les phénomènes magnétiques et leur application à l'étude et au traitement des maladies. — 1 vol. in-8 de 500 pages, 4 fr.; franco, 4 fr. 75 c.

# OUVRAGES CONTRE LE SPIRITISME

NOTA. — Défendre un livre, c'est prouver qu'on le redoute. Le Spiritisme, loin de craindre la divulgation des écrits publiés contre lui, et d'en interdire la lecture à ses adeptes, les signale à leur attention et à celle du public, afin qu'ils puissent juger par la comparaison. Les renvois à la *Revue spirite* indiquent les ouvrages qui ont été réfutés.

**Baguenault de Puchesse.** *L'Immortalité, la Mort et la Vie* étude sur la destinée de l'homme. — 1 vol. in-12, 3 fr. 50 c. Paris Didier et Cie.

L'auteur s'exprime ainsi sur le Spiritisme : « Ses pratiques inaugurent un système complet qui comprend le présent et l'avenir, qui trace les destinées de l'homme, lui ouvre les portes de l'autre vie, et l'introduit dans le monde surnaturel. L'âme survit au corps, puisqu'elle apparaît et se montre après la dissolution des éléments qui le composent. Le principe spirituel se dégage, persiste et, par ses actes, affirme son existence. Dès lors le matérialisme est condamné par les faits; la vie d'outre-tombe devient un fait certain et comme palpable; le surnaturel s'impose ainsi à la science et, en se soumettant à son examen, ne lui permet plus de le repousser théoriquement et de le déclarer, en principe, impossible. »

Malgré cette déclaration, l'auteur n'est pas un partisan du Spiritisme. Il trouve que sa doctrine de l'immortalité « compromet le vrai et pur spiritualisme, lui ôte le caractère d'élévation et de noblesse dont l'ont revêtu les hautes destinées philosophiques et religieuses; qu'elle laisse sans solution les problèmes de la destinée humaine. » « Avec le Spiritisme, dit-il, la survivance perdrait une partie de sa dignité, de son indépendance et de sa grandeur. » Il lui préfère le dogme des peines éternelles et le ciel catholique, comme plus conforme à la raison et à la justice de Dieu.

**Bersot.** *Mesmer et le magnétisme animal; Tables tournantes et Esprits.* — 1 vol. in-12, 3 fr. 50 cent.; franco, 4 fr. Paris, Hachette.

**Blanc** (HENRI). *Le merveilleux*, dans le Jansénisme, le magnétisme, le Baptisme, l'épidémie de Morzines, le Spiritisme. — 1865. — 1 vol. in-8, 6 fr.; franco, 6 fr. 60. Paris, Plon.

Après un examen approfondi, l'auteur constate que des phénomènes prodigieux se sont produits, mais il donne à entendre qu'ils sont le fait de l'Esprit du mal. Quoique hostile au Spiritisme, cet ouvrage lui est, en réalité, très utile.

**Brownson** (Le docteur). *L'Esprit frappeur.* — 1862. — 1 vol. in-12, 1 fr.; franco, 1 fr. 40. Paris, Casterman.

**Chevillard.** *Etudes sur le fluide nerveux et solution définitive du problème spirite.* — 1869. — 1 vol. in-18, 1 fr.; franco, 1 fr. 25 c.

Texte de la conférence faite par l'auteur, le 30 janvier 1869, sous le titre : *Le Spiritisme devant la science.* (*Revue spirite* de mars 1869, page 83.)

**Desages.** *De l'extase ou des miracles comme phénomènes naturels.* — 1 vol. in-8, 6 fr.; franco, 6 fr. 60. Paris, Henri, Palais-Royal.

L'auteur s'efforce de prouver la non-réalité des manifestations des Esprits, et cependant il évalue à 2 millions le nombre des spirites en France, ce qu'il déplore pour l'honneur de leur raisón.

**Deschanel.** *A bâtons rompus.* — 1 vol. in-18, 3 fr. 50 c.; franco, 4 fr. Paris, Hachette.

Recueil d'articles par l'auteur sur différents sujets, parmi lesquels se trouvent ceux qu'il a écrits contre le Spiritisme, dans le feuilleton du *Journal des Débats* des 15 et 29 novembre 1860. *Revue spirite* de mars et avril 1861, pages 65 et 97.)

**Figuier** (Louis). *Histoire du merveilleux dans les temps modernes.* — 4 vol. in-12, 14 fr.; franco, 15 fr. 50 c. Paris, Hachette. (*Revue spirite* de septembre et décembre 1860, page 274 et 369, avril 1861, page 109.)

**Gougenot-Desmousseaux** (Le chevalier). *Mœurs et pratiques des démons ou des Esprits visiteurs du Spiritisme ancien et moderne.* — 1 vol. in-8, 6 fr.; franco, 6 fr. 60 c. Paris, Plon.

L'auteur, tout en reconnaissant la réalité des manifestions, cherche à démontrer qu'elles ne peuvent être que l'œuvre du démon.

**Lélut** (Le docteur), de l'Institut. *Du démon de Socrate.* — 1 vol. in-12, 3 fr. 50 c.; franco, 4 fr. Paris, J.-B. Baillière.

Les conclusions de l'auteur sont que *Socrate était fou,* parce qu'il croyait à son Esprit familier, ce qu'en grec on appelait *daïmon,* démon. Puisqu'il est convenu, dans un certain monde, de qualifier de *fous* tous ceux qui croient à l'existence des Esprits, même *Socrate,* à ce titre tous les spirites sont évidemment des fous.

**Mandement** ou *Ordonnance contre le Spiritisme,* par Mgr Pavie, évêque d'Alger. — 1863. — (*Revue spirite* de novembre 1863, page 336.)

— De Mgr l'évêque de Strasbourg en 1864. (*Revue spirite* de mars 1864, page 83.)

— De Mgr Gousset, archevêque de Reims, pour les carêmes de 1864, 1865. (*Ciel et Enfer,* chap. IX et X.)

— De Mgr Pantaleon Monserro y Navaro, nouvel évêque de Barcelone. (*Revue spirite* de septembre 1864, page 264.)

— De Mgr. l'évêque de Langres, de 1864. (*Revue spirite* de 1864, page 179.)

**Marouzeau** (L'abbé). *Réfutation complète de la doctrine spirite.* — Broch. in-8, 1 fr.; franco 1 fr. 25 c. Paris, Douniol. (*Revue spirite* de juillet et septembre 1863, page 218 et 275.)

**Matignon** (Le R. P.) de la compagnie de Jésus. *Les Morts et les Vivants*, entretiens sur les communications d'outre-tombe. — Broch. in-18, 2 fr.; franco, 2 fr. 30 c. Paris, Adrien-Leclerc. (*Revue spirite* de mai et juin 1863, pages 142 et 169.)

**Maury** (de l'Institut). *La Magie et l'Astrologie.* — 1863. — 1 vol. in-12, 3 fr. 50 c. Paris, Didier et Cie.

**Nampon** (Le R. P.), de la compagnie de Jésus. *Du Spiritisme.* — Broch. in-18. — *Causeries sur le Spiritisme.* — Broch. in-18, 1 fr.; franco, 1 fr. 25 c. Lyon, Josserand. *Revue spirite* de Juin 1863, page 169.)

**Poussin** (L'abbé). *Le Spiritisme devant l'histoire et devant l'Eglise.* — 1 vol. in-12, 3 fr.; franco, 3 fr. 50 c. Paris, Sarlit. (*Revue spirite* de janvier 1868, page 5.)

**Thiboudet** (L'abbé). *Des Esprits et de leurs rapports avec le monde visible*, d'après la tradition. — 1854. — 1 vol. in-8, 5 fr. franco, 5 fr. 60 c. 1 vol. in-12, 4 fr.; franco, 4 fr. 40 c. Paris, Vivès.

Affirmation sans restriction de la réalité de tous les phénomènes magnétiques, et des manifestations spirites, tables parlantes, etc.; preuves de l'intervention d'intelligences occultes; réfutation péremptoire de la théorie du reflet de la pensée dans la médiumnité; démonstration tirée de l'autorité des Pères de l'Eglise que les démons sont les seuls agents possibles de ces phénomènes, et qu'il n'y a pas de fluide magnétique humain. L'auteur a certainement épuisé tous les arguments que l'on peut invoquer en faveur de sa thèse, et s'il ne convainc pas tout le monde, ce n'est pas de sa faute.

**Tissandier.** *Des Sciences occultes et du Spiritisme.* — 1 vol. in-18, 2 fr.; franco, 2 fr. 50 c. Paris, Germer-Baillière.

---

Paris. — Impr. de Rouge frères, Dunon et Fresné, rue du Four, 43.

www.ingramcontent.com/pod-product-compliance
Lightning Source LLC
LaVergne TN
LVHW052011160826
845678LV00003B/1001

*9782329644592*